KNISTER

Hexe Lillis Sachwissen

Das alte Ägypten

Konzeption von Bettina Gutschalk

Mit farbigen Bildern
von Birgit Rieger
und Udo Kruse-Schulz

KNISTER,
geboren 1952 in Wesel.
KNISTER schreibt Bücher, macht Musikkassetten und CD-ROMs.
Verrückt, lustig und spannend! Immer!
Lieblingsfarbe: BUNT
Lieblingsessen: Spaghetti zu jeder Tageszeit
Hobby: In einer Rockband spielen
Sternzeichen: Frosch

Bettina Gutschalk
studierte Kinder- und Jugendliteratur und arbeitet seit vielen Jahren
als Journalistin und Buchautorin. Für Kinder und Jugendliche
schreibt sie Sachbücher, Ratekrimis und Quizbände.

Birgit Rieger
studierte Grafik-Design an der Hochschule der Künste Berlin
und arbeitet seit 1980 als freie Kinder- und Jugendbuch-Illustratorin.
Die von ihr illustrierten Bücher – allen voran „Hexe Lilli“ –
erscheinen in vielen Ländern der Welt.

Udo Kruse-Schulz
studierte – nach einem Studium der klassischen Archäologie –
Illustration in Hamburg. Er hat zahlreiche Bücher
für in- und ausländische Verlage illustriert
sowie für Zeitschriften und das Fernsehen gearbeitet.

In neuer Rechtschreibung

1. Auflage 2007

Einband und Innenillustrationen: Birgit Rieger, Udo Kruse-Schulz
Illustrationen mit Hexe Lilli: Birgit Rieger
Sachillustrationen: Udo Kruse-Schulz
Gesamtherstellung: Westermann Druck Zwickau GmbH
ISBN 978-3-401-09104-4

www.arena-verlag.de

Inhalt

Liebe Mumienfreundinnen und -freunde,

Pharaonenmief und Mumienschweiß – letztes Jahr im Ferienlager habe ich eine richtig eingebildete Kuh kennengelernt: Constanze Walterbach. Sie hatte angeblich das meiste Taschengeld, den besten Koffer und, und, und …
Als sie eines Tages auch noch behauptete, niemand kenne sich so gut mit ägyptischen Mumien aus wie sie, bloß weil ihr Großvater der berühmte Mumienforscher Professor Walterbach war, da war meine Geduld am Ende. Zwar konnte ich nicht verraten, dass ich einmal selbst bei den echten Mumien im Tal der Könige gewesen bin, aber ich wollte die Gelegenheit nutzen, der angeblichen Mumienexpertin eins auszuwischen. Deshalb flunkerte ich wild drauflos:
„Ich bewundere dich wirklich dafür, wie tapfer du bist."
Constanze schaute erst geschmeichelt, dann argwöhnisch:

„Wieso tapfer?"
„Na, wegen dem Fluch! Dein Großvater hat doch die Grabesruhe der Mumien gestört und ist deshalb mit einem Fluch belegt worden."
„Ja, natürlich. Den Fluch der Mumien! Den kenne ich", antwortete Constanze rasch.
„Es muss ganz schön hart für dich sein – ich habe gehört, dass der Fluch auf die Nachkommen übergeht … Aber zum Glück hast du ja einen besonders guten Koffer. Den brauchst du ja auch, für die Flucht – falls du nachts mal von einer Mumie heimgesucht wirst …"

Am Abend war es dann so weit. Sobald Constanze zu Bett gegangen war, rannte Mona mit den anderen Kindern herum und stibitzte überall das Toilettenpapier, um mich komplett damit einzurollen. Alle wisperten und kicherten durcheinander – ich muss echt mumienmäßig gut ausgesehen haben.

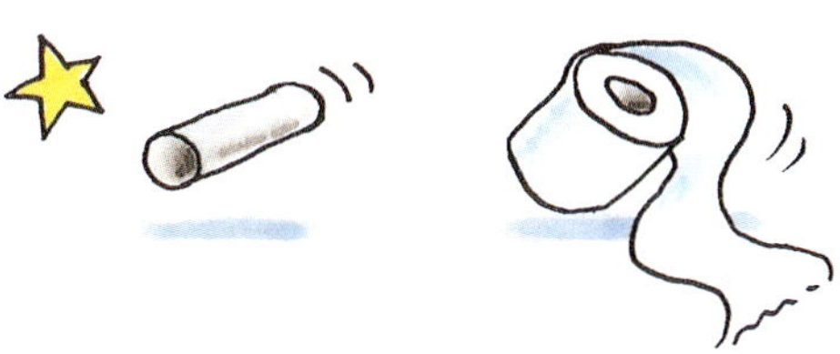

Endlich schlug es zwölf – Geisterstunde! Leise schlich ich mich in Constanzes Zimmer und raunte mit tiefer Stimme: „Bist du die berühmte Enkelin des berühmten und mit einem Fluch beladenen Professor Walterbach?“ Sie schreckte auf, sah mich im kalten Mondlicht stehen, und dann klingelte es nur noch in meinen Ohren, denn ihr Schrei war mehr als monstermäßig.
Einen kurzen Augenblick starrten wir uns an – dann konnte ich mich nicht mehr halten und prustete los. Und Constanze – was machte die? Zuerst starrte sie weiter auf mich, die glucksende Klopapier-Mumie. Und dann lachte sie einfach mit, erst leise, dann lauter, schließlich grölte sie: „Steht dir super, das Klopapier – das solltest du öfter tragen!“
Jetzt platzten auch die anderen Mädchen in ihren Verstecken los und kamen hervorgekrochen.

Constanze bestand darauf, mit den Resten des Toilettenpapiers eingehüllt zu werden, und schließlich waren wir zwei Mumien, die im Zimmer auf und ab trippelten. Irgendwer hatte noch eine Tüte Lakritzspinnen, jemand anders eine grüne Gruseltaschenlampe, und so feierten wir eine echte Grusel-Mumien-Mitternachtsparty.
Constanze und ich sind an diesem Abend Freundinnen geworden und fachsimpeln seitdem oft gemeinsam über das alte Ägypten. Aber von meinem „echten" Mumienabenteuer habe ich auch ihr NICHTS erzählt ...
Willst du auch über Pharaonen, Pyramiden oder Mumien mitreden können? Na, dann los!

Viel Spaß beim Lesen
wünscht dir
deine Geheimhexe
Lilli

Was sind die Pyramiden?

Majestätisch ragt die Cheops-Pyramide aus dem Wüstensand. Zwei kleinere Pyramiden stehen daneben. Das sind die Pyramiden von Giseh. Sie sind rund 5.000 Jahre alt.

In jahrzehntelanger harter Arbeit wurden sie von Hunderten von Arbeitern errichtet. Sie dienten als Gräber von berühmten Herrschern aus dem alten Ägypten.

Ägypten liegt in Afrika. Dort fließt der Nil, der längste Fluss der Erde.

Die Cheops-Pyramide

Sie ist die größte aller Pyramiden. Bis ins 19. Jahrhundert war sie sogar das größte Bauwerk der Welt.
Die Cheops-Pyramide ist das Grab von König Cheops und wurde rund 2.550 Jahre v. Chr. aus über zwei Millionen Kalksteinblöcken erbaut.

Die Chefren-Pyramide

Chefren war Cheops Sohn. Seine Pyramide ist kleiner als die seines Vaters, sieht aber größer aus, weil sie höher liegt.

Die Mykerinos-Pyramide

Die Pyramide des Mykerinos ist kleiner als die beiden anderen. Aber sie war viel schwieriger zu errichten. Denn ihre Außenverkleidung bestand aus Granit. Dieses Gestein ist viel härter als Kalkstein und deshalb schwerer zu bearbeiten. Mykerinos war Chefrens Sohn.

Drinnen und draußen

Im Inneren der Pyramiden gibt es verschiedene Gänge und Kammern. Der König selbst lag in seinem Sarg in der Königskammer.

Antike Baustelle

Die Bauarbeiter waren keine Sklaven, sondern Männer aus den Dörfern am Nil, die Lohn für ihre Arbeit bekamen. Auf Rampen schafften die Arbeiter die schweren Steinblöcke mit Holzrollen nach oben. Diese Rampen wurden aus Schutt und Sand gebaut. Auf der Baustelle gab es Aufseher, die den Bau überwachten, Wasserträger, viele Handwerker und sogar Ärzte.

Das Geheimnis der Sphinx

Der Körper eines Löwen und der Kopf eines Königs: So thront die geheimnisvolle Sphinx vor der Cheops-Pyramide in Giseh. Jahrtausendelang rätselten die Menschen, welche Bedeutung diese Statue haben könnte. Heute glauben die Forscher, dass die Sphinx zur selben Zeit wie die Cheops-Pyramide erbaut wurde und ein Abbild des Herrschers Cheops darstellt.

Die Arbeiter zogen die Steinblöcke auf Holzrollen die Rampen hoch.

Kleines Quiz

Lilli stellt Leon eine Quizfrage. Wenn du das Kapitel aufmerksam gelesen hast, kannst du ihm helfen.

Welche Pyramide ist die größte?

a) die Chefren-Pyramide
b) die Cheops-Pyramide
c) die Mykerinos-Pyramide

Wer war der Pharao?

Der König der Ägypter wurde Pharao genannt. Das heißt „Großes Haus“. So bezeichneten die Ägypter auch den Palast, in dem der Pharao mit seiner Familie lebte.

Die ägyptischen Könige wurden als Gott verehrt. Sie galten als unsterblich. Dem Pharao gehörte das ganze Land. Alle Menschen waren ihm untertan.

Der Pharao durfte mit mehreren Frauen verheiratet sein.

Menes
Vor seiner Zeit war das Land in Ober- und Unterägypten geteilt und hatte zwei Könige. Unter Menes’ Herrschaft wurden die beiden Reiche vereint.

Cheops

Er lebte rund 2.500 Jahre v. Chr. und ließ die größte aller Pyramiden erbauen.

Echnaton

Echnaton ließ sich nicht wie seine Vorgänger als Gott verehren. Er erklärte den Gott Aton zum einzigen Gott, der angebetet werden durfte. Sogar eine neue Hauptstadt erbaute er: Achetaton. Nach seinem Tod wurden alle seine Neuerungen widerrufen und seine Bauwerke eingerissen.

Nofretete

Berühmt für ihre Schönheit war Nofretete, die Frau von Echnaton. Ihre Büste wird heute noch bewundert.

Nofretete galt als Schönheitsideal.

Hatschepsut

Sie war die erste Frau, die als Pharao regierte. Hatschepsut sollte für ihren Neffen die Regierungsgeschäfte führen, bis er alt genug war. Doch sie ergriff ganz die Macht und regierte über 20 Jahre lang.

Ramses II.

Ramses II. herrschte länger als fast jeder andere Pharao: 67 Jahre lang! Er ließ viele Tempel, Festungen und Monumente erbauen. Weltberühmt ist der Felsentempel von Abu Simbel.

Tutenchamun

Tutenchamuns Grab war von Grabräubern übersehen worden. Als man es entdeckte, enthielt es noch all seine herrlichen Schätze. Dieser Pharao herrschte nur zehn Jahre lang.

Tutenchamun wurde nur etwa 18 Jahre alt. Deshalb nennt man ihn auch den Kindkönig.

Suche die Fehler!

Oben siehst du die Büste der Königin Nofretete. Unten sind fünf Fehler versteckt. Findest du alle?

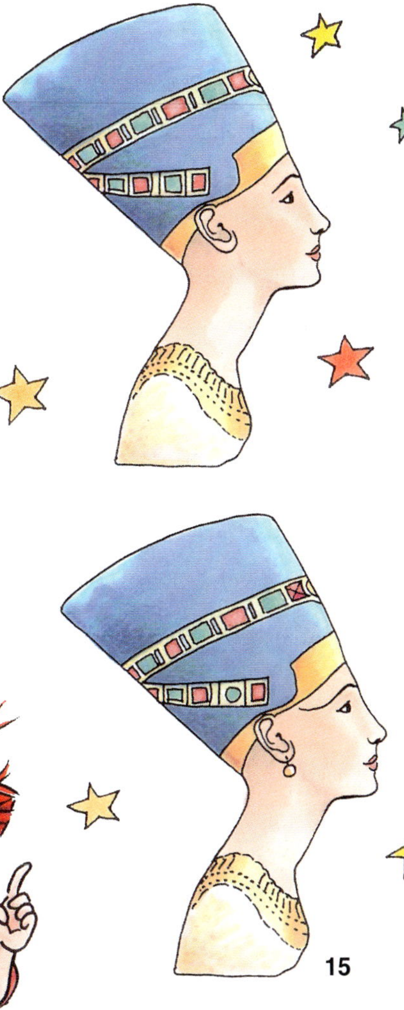

An welche Götter glaubten die alten Ägypter?

Der Körper eines Menschen, aber der Kopf eines Tieres: So bildete man die Götter der Ägypter meist ab. Damals verehrten die Menschen Hunderte verschiedener Götter.

Manche der Götter wurden im ganzen Land angebetet, andere nur in einzelnen Städten oder Dörfern. Für jeden Gott gab es einen eigenen Tempel, in dem für ihn Opfer wie Brot und Wein dargebracht wurden. Das Volk durfte den Tempel allerdings nicht betreten. Nur die Priester hatten Zutritt. An Feiertagen zeigten sie den Menschen die Bilder der Götter in prächtigen Prozessionen.

Viele Götter wurden nicht nur als Mensch mit Tierkopf, sondern ganz in Tiergestalt dargestellt.

Amun

Ursprünglich war er der Gott des Windes und der Luft. Später wurde er zum König aller Götter und Vater aller Pharaonen. Irgendwann verschmolz er mit dem Sonnengott Re zum Gott Amun-Re.

Re

Er war der Gott der Sonne, der jeden Tag neu geboren wurde und seine Reise über den Himmel begann.

Isis

Eine der ältesten und wichtigsten Gottheiten war Isis.
Die Ägypter verehrten sie als Muttergottheit und Göttin der Kunst.

Hathor

Hathor war die Göttin der Liebe, Schönheit und Freude. Sie erschien manchmal auch in Form einer Kuh.

Bastet

Bastet wurde durch eine Katze verkörpert.
Sie war die Göttin der Sonne und der Mütter. Bastet stand für die lebensspendende Kraft der Sonne und konnte Krankheiten heilen oder das Getreide wachsen lassen.

Osiris

Er galt als Richter und Herrscher über die Toten. Osisris zählte zu den wichtigsten Göttern.

Anubis

Anubis, der Sohn des Osiris, wurde mit dem Kopf eines Schakals dargestellt. Er war der Gott der Toten, der Einbalsamierung und der Magie.

Sachmet

Diese starke Kriegsgöttin stand für die zerstörerische Kraft der Sonne. Sie vertrat auch die Mutterschaft.

Ma'at

Sie galt als Göttin der Gerechtigkeit und der Wahrheit.

Welche ist fremd?

Eine der fünf Figuren ist keine ägyptische Gottheit. Welche?

Warum gab es Mumien?

Die Menschen im alten Ägypten glaubten an ein Leben nach dem Tod. Ihrer Meinung nach brauchte man dazu einen Körper. Deshalb versuchten sie, die Körper der Toten zu erhalten, damit ihre Seelen im Jenseits wieder hineinschlüpfen konnten.

Die Ägypter balsamierten die Körper der Toten mit Salben ein und trockneten sie in Natron. Das ist ein Mineralsalz. Die inneren Organe nahmen sie vorher heraus und legten sie in Gefäße. Nur das Herz ließen sie im Körper, denn sie glaubten, es würde im Jenseits gerichtet.

Das Einbalsamieren dauerte ziemlich lange: etwa 70 Tage.

Eingewickelt

Dann umwickelten sie den Körper mit Binden. So entstand eine Mumie. Dieser Vorgang dauerte rund 70 Tage. Ins Grab legten die Ägypter viele Dinge, die der Tote im Jenseits brauchen konnte: zum Beispiel Vorräte, Kleider und Schmuck.

Prachtvolle Königsgräber

Besonders prachtvoll waren die Gräber der Könige ausgestattet. Die Wände waren mit aufwendigen Malereien versehen. Sie hatten auch den Sinn, den Toten im Jenseits an wichtige Dinge zu erinnern.

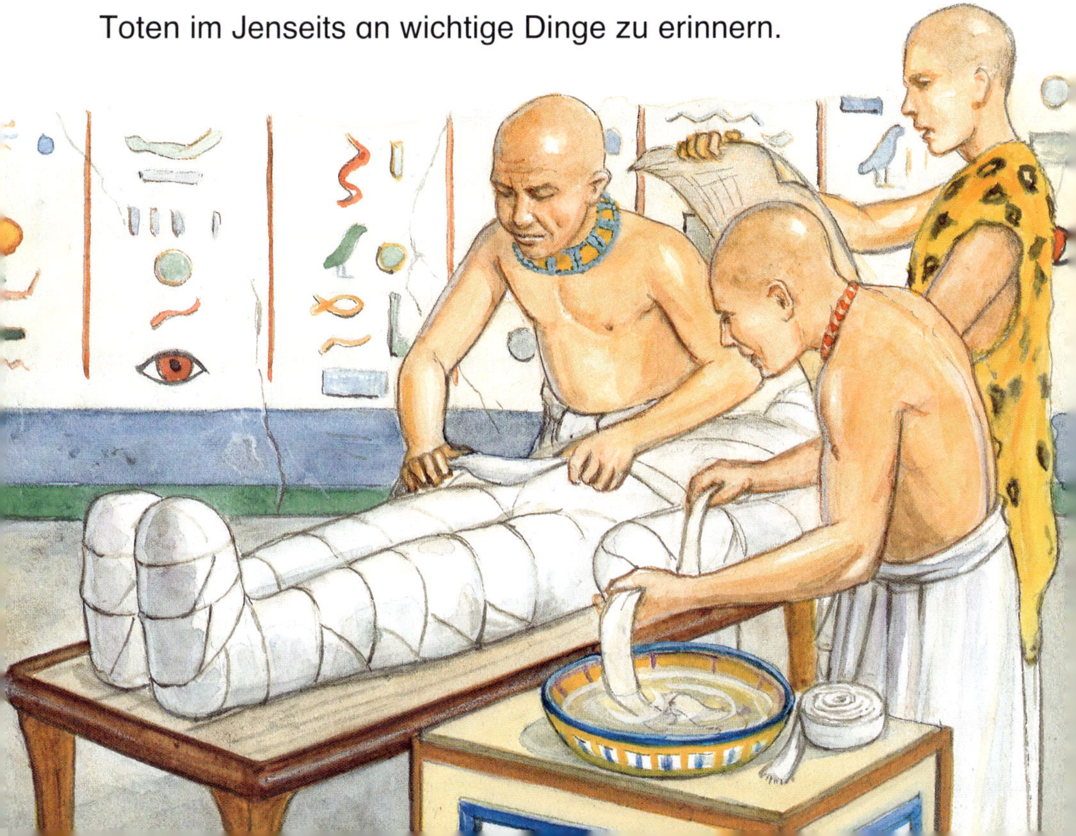

Das Tal der Könige

Im vergangenen Jahrhundert wurden viele Gräber mit Mumien entdeckt. Berühmte Herrscher waren im sogenannten Tal der Könige bestattet. Dieses Tal liegt in der Nähe des antiken Theben, der Hauptstadt des alten Ägypten. Die Stadt heißt heute Luxor.
Im Tal der Könige stehen keine Pyramiden, sondern die Mumien sind in Felsgräbern bestattet.

Der Schatz im Felsgrab

Im Tal der Könige entdeckten Forscher die Gräber und Mumien von Sethos I. und Tutenchamun. Wenn die Gräber auch nicht so offensichtlich zu sehen waren wie die Pyramiden, erkannten die Grabräuber sie im Laufe der Jahrhunderte aber doch und raubten sie aus.
Nur das Grab von Tutenchamun blieb verschont.

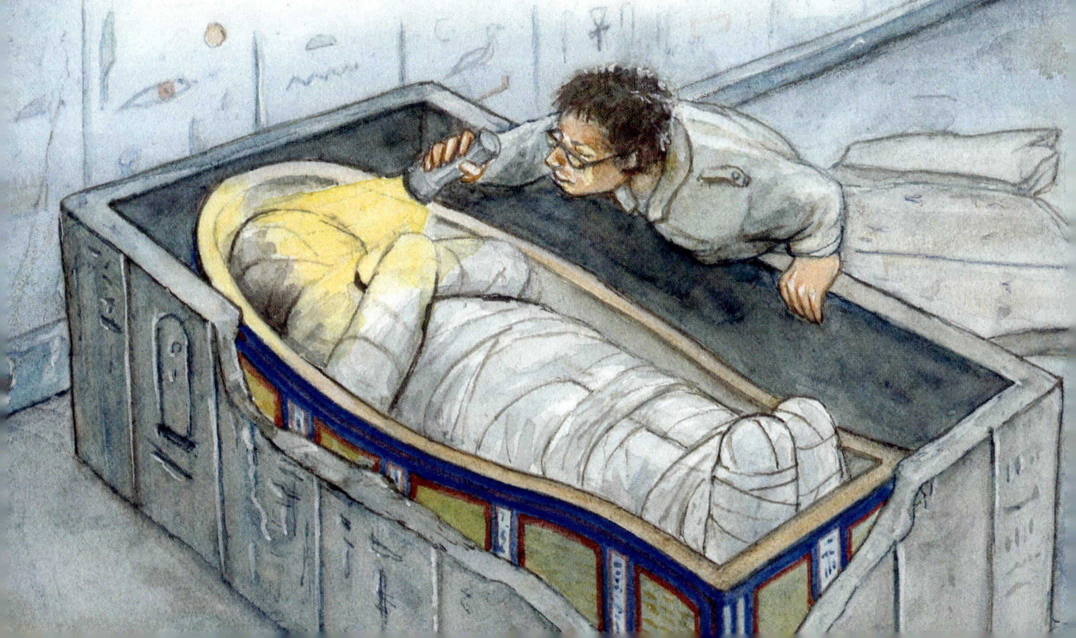

Früher wickelten Forscher die Mumien aus. Aber dann zerfielen sie zu Staub! Deshalb lässt man die Mumien heute in ihren Binden.

Tutenchamun

Zwei Dinge waren bestimmt nicht im Grab des Pharaos! Wer weiß welche?

Was bedeuten die Hieroglyphen?

Was für seltsame Zeichen, denken wir vielleicht. Denn die Schrift der alten Ägypter ist uns fremd. Schon vor vielen Tausend Jahren erfanden sie eine Schrift: die Hieroglyphen.

Hieroglyphen sind Bildzeichen. So bedeutete ein gezeichnetes Auge zum Beispiel das Auge, aber auch das Wort „sehen“. Außerdem standen die Bildzeichen für einzelne Buchstaben. Die Schrift war sehr schwer zu lesen und zu schreiben. Deshalb war der Beruf des Schreibers sehr angesehen.

Papyrus

Am Anfang meißelten die Ägypter ihre Zeichen in Stein oder malten sie darauf. Dann entwickelten sie einen papierähnlichen Stoff, auf dem sie schreiben konnten. Er wurde aus einer Pflanze hergestellt, nach der er auch benannt wurde: Papyrus.
Mithilfe dieses Stoffes konnten Briefe, Verträge und Urkunden verfasst und verschickt werden. Auch viele Erkenntnisse der Wissenschaft wurden schriftlich festgehalten.

Das Rätsel in der Wüste

Über Tausende von Jahren standen die Pyramiden im Sand, und niemand wusste mehr, welche Bedeutung sie hatten. Wenn Papyrusrollen gefunden wurden, konnte niemand sie lesen. Werkzeuge oder seltsame Zeichnungen, die immer wieder entdeckt wurden, wusste niemand zu deuten.

Der Stein von Rosetta

Vor 200 Jahren fanden französische Soldaten in der Nähe des ägyptischen Dorfes Rosetta einen großen Stein. Darauf waren Texte in drei Schriften eingemeißelt, darunter auch Hieroglyphen. Entziffern konnte man einen Text in Altgriechisch, in dem stand, dass dreimal derselbe Text in drei verschiedenen Schriften aufgeschrieben war. So hatte man endlich den Schlüssel zu den altägyptischen Schriftzeichen gefunden!

Botschaft aus der Vergangenheit

In jahrelanger Tüftelei gelang es dem Franzosen Jean-François Champillon, die Hieroglyphen zu enträtseln. Endlich konnte man die Texte von vor 5.000 Jahren lesen.

Die Soldaten Napoleons entdeckten auf ihrem Feldzug nach Ägypten den Stein von Rosetta. Napoleon war ein französischer General, der viele Länder eroberte.

Geheime Nachricht

Lilli hat eine Papyrusrolle gefunden. Darauf ist der Weg zu einem unentdeckten Grab beschrieben. Hilf ihr, die Anweisung zu entziffern! Löse dafür zuerst die Aufgaben.

Gehe von hier aus langsam

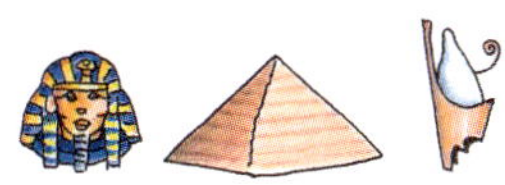 Schritte

nach links,

 Schritte

nach Osten,

 Schritte

geradeaus bis zum Grab.

Das bedeuten die Zeichen:

 = 4

 = 5

 = 6

10 -  = 4

Wie lebten die Menschen im alten Ägypten?

Steinreich lebte der Pharao in seinem Palast. Vieles über das Leben der Herrscher ist auf Papyrusrollen oder Wandmalereien überliefert. Vom Leben der Armen weiß man heute durch Ausgrabungen.

Das Leben konzentrierte sich im alten Ägypten auf die Ufer des Nils. Denn nur hier gab es fruchtbares Land. Dahinter war nichts als Wüste.

In den Städten

Viele Menschen lebten in großen Städten. Eng standen die hohen Häuser aneinander. Das Baumaterial waren Lehmziegel, die aus dem Schlamm des Nils hergestellt wurden. Da es keine Müllabfuhr gab, wurde der Abfall einfach auf die Straße gekippt. Deshalb stank es sehr.

Der Schlamm des Nils diente als Baumaterial.

Ägyptische Häuser

Wohlhabende Ägypter lebten in zweistöckigen Häusern. Sie hatten eine große Eingangshalle und verfügten über Badezimmer und sogar schon Toiletten mit Wasserspülung. Die Bauern dagegen wohnten in einfachen Hütten – oft mit ihren Tieren zusammen.

Antike Mode

Die Kleidung der Ägypter war aus gewebtem Leinen. Sie schminkten sich und liebten Schmuck. Die Frauen und Mädchen trugen ihr langes Haar offen oder Zöpfe. Die Jungen hatten einen seitlichen Zopf.

Eine gute Ausbildung gab es nur für die Kinder der Reichen.

Einfach ausgegraben!

Bei Ausgrabungen hat Lilli acht Gegenstände gefunden. Welche sind nicht ägyptisch?

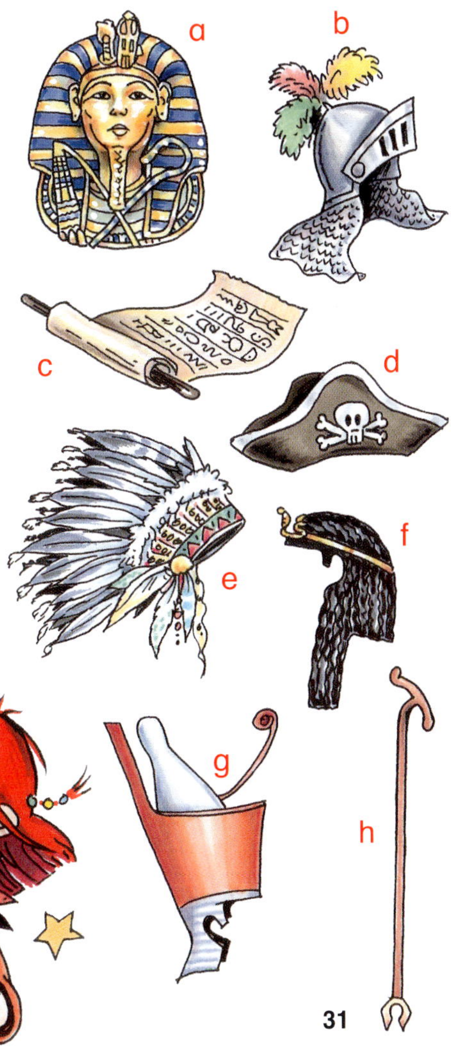

Nur reiche Kinder gehen zur Schule

Reiche Eltern schickten ihre Söhne in die Tempelschulen. Dort lernten sie lesen, schreiben und die Naturwissenschaften. Die Mädchen unterrichtete man zu Hause. Die Kinder der Bauern dagegen konnten nicht zur Schule gehen.

Was aßen und arbeiteten die Ägypter?

Wandmalereien zeigen die Ägypter an üppig gedeckten Tafeln. Doch so sah es nur in den Häusern der Reichen aus.

Die normale Bevölkerung aß nur sehr selten Fleisch, denn das war teuer. Das Hauptnahrungsmittel war Brot. Außerdem gab es viel Gemüse und Fisch.

Landwirtschaft am Nil

Nur an den Ufern des Nils gab es fruchtbaren Boden. Jedes Jahr im Juli überschwemmte der Fluss das angrenzende Land. Erst Ende Oktober ging das Wasser wieder zurück. Die Flut hinterließ eine dicke, fruchtbare Schicht Schlamm. Dann begannen die Bauern, Korn auszusäen, vor allem Weizen und Gerste.

Angesehene Handwerker

Handwerker wurden gut bezahlt. Meist standen sie im Dienst des Pharaos und arbeiteten an Tempeln, Palästen oder Grabmälern. Im Tal der Könige wurde das Dorf Deir el-Medineh ausgegraben, in dem die Handwerker gelebt hatten, die die Grabmäler dort bauten.

Der Nil sorgte dafür, dass Ägypten ein fruchtbares Land war.
Die Handwerker waren sehr angesehen und verdienten gut.

Ägyptische Gelehrte

Sobald ägyptische Jungen Grundkenntnisse im Lesen und Schreiben erworben hatten, konnten sie Schreiber werden. Das war ein angesehener Beruf, in dem man bis zum königlichen Ratgeber aufsteigen konnte. Nur wenige studierten weiter. Sie beschäftigten sich mit Mathematik, Medizin, Geschichte, Literatur, Religion, Geografie, Sprachen, Maschinenbau oder Astronomie. Die Ägypter wussten auf all diesen Gebieten bereits sehr viel.

War der Mann für längere Zeit weg, führte die Frau die Familiengeschäfte. Sie durfte zum Beispiel einen großen landwirtschaftlichen Betrieb leiten.

Berufe für Frauen

Einige Berufe standen auch den Frauen offen: Adlige konnten Hofdamen oder Priesterinnen werden. Es gab Sängerinnen, Tänzerinnen, außerdem Gärtnerinnen, Weberinnen oder sogar Ärztinnen.
Die Mädchen heirateten mit etwa 14 Jahren.
Der Ehepartner wurde von den Eltern ausgewählt.

Fleißige Arbeiter

Die Arbeiter müssen Steine schleppen für den Bau der Pyramide. Wer schleppt die meisten?

Welche Bauwerke gab es noch?

In Ägypten gibt es nicht nur die Pyramiden zu sehen. Viele berühmte Bauwerke reihen sich entlang des Nils: die alten Tempel.

Am Nil hatten alle wichtigen ägyptischen Götter einen Tempel. Der Tempel war der irdische Wohnort des Gottes.

Die Tempel der Götter lagen am Nil.

Karnak-Tempel

Dieser Tempel auf dem Gelände der altägyptischen Stadt Theben war dem Gott Amun gewidmet. Er ist der größte erhaltene Tempel in Ägypten.

Luxor-Tempel

Nicht weit vom Karnak-Tempel steht der Luxor-Tempel. Auch er war Amun geweiht. Beide Tempel waren durch eine prächtige Allee verbunden, die von Sphinxen eingerahmt war.

Edfu

Der Haupttempel des Gottes Horus stand in Edfu.

Dendera

Dort findet sich der Tempel der Göttin Hathor, der Frau des Falkengottes Horus.

Kom Ombo

Der Tempel war zwei Göttern geweiht: Sobek und Haroeris, das war der Vorgänger von Horus.

Abu Simbel

Ramses II. ließ diesen Tempel errichten. Er ist aber nicht einem Gott, sondern dem König gewidmet.

Philae

Dieser Tempel wurde zu Ehren der Göttin Isis erbaut.

Tempel der Hatschepsut

Hier wurde die Königin Hatschepsut beerdigt.

Der Tempel zieht um

In den 60er-Jahren des 20. Jahrhunderts ließ der ägyptische Staatschef einen Staudamm bauen, der das Tal von Abu Simbel überschwemmte. Stell dir vor: Stein für Stein wurde der Tempel deshalb abgetragen und an anderer Stelle wieder aufgebaut.

Der Tempel von Abu Simbel wurde einfach versetzt.

Tanz im Tempel

Lilli schaut den Tempeltänzerinnen zu. Zwei davon sind völlig gleich. Entdeckst du sie?

Wie ging das Reich der Ägypter unter?

Im Laufe der Jahrhunderte fielen immer wieder fremde Herrscher in Ägypten ein und eroberten das Reich. Die Nubier, Assyrer oder die Perser übernahmen die Macht. Das Ansehen des einst so mächtigen Landes schwand.

Im Jahr 332 v. Chr. nahm schließlich der Grieche Alexander der Große Ägypten kampflos. Er gründete an der Mittelmeerküste die Stadt Alexandria. Als der Herrscher tot war, übernahm sein Feldherr Ptolemäus I. die Macht. In den nächsten 250 Jahren blieb sie in der Hand seiner Nachkommen, der Ptolemäer.

Alexander der Große plante einen riesigen Leuchtturm im Hafen der Stadt Alexandria. Den Bau erlebte er nicht mehr. Der Turm galt als eines der Weltwunder der Antike.

Die Ptolemäer

Unter der Herrschaft dieser Familie aus Griechenland gelangte Ägypten wieder zu Wohlstand. Sie achteten die ägyptische Kultur. Sie trugen die Gewänder der Pharaonen, bauten ägyptische Tempel und führten einen Kult ein, in dem die ägyptischen Götter mit den griechischen verschmolzen.

Kleopatra VII.

Auch die letzte ägyptische Königin Kleopatra VII. stammte aus der Familie der Ptolemäer.

Der Leuchtturm von Alexandria wurde durch ein Erdbeben zerstört.

Die Römer kommen

Die Römer eroberten viele Länder und schließlich auch Ägypten. Kleopatra wurde die Geliebte des römischen Kaisers Julius Cäsar. Nach Cäsars Tod wurde sie zur Geliebten seines Feldherrn Marc Anton. Cäsars Nachfolger Oktavian begann daraufhin einen Feldzug gegen Ägypten. Im Jahr 30 v. Chr. unterlag die ägyptische Flotte. Das Land verarmte immer mehr, denn es musste den größten Teil seines Korns nach Rom transportieren.

Christen und Moslems

Bald kam das Christentum nach Ägypten. Die Menschen zeigten sich der neuen Religion gegenüber aufgeschlossen. Die römischen Sitten interessierten sie nicht mehr. So geriet die Welt der alten Ägypter allmählich in Vergessenheit. In späteren Jahrhunderten breitete sich dort der Islam aus. Die altägyptische Kultur wurde erst durch Forscher wiederentdeckt.

Ägypten war die Kornkammer Roms. Einen Großteil der Ernte mussten die Ägypter nach Rom abgeben.

Weißt du Bescheid?

Welcher Pharao herrschte länger als alle anderen?

Lillis Quatschgeschichte

Lilli erzählt Leon, was sie über die alten Ägypter herausgefunden hat. Doch halt! Manchmal bindet sie ihrem Bruder einen gehörigen Bären auf. Erkennst du wann?

Die alten Ägypter hatten schon vor vielen Tausend Jahren eine hoch entwickelte Kultur: Sie konnten schreiben, lesen und rechnen, sie hatten Ärzte, Architekten und viele Wissenschaftler. Sogar Computer hatten sie schon. Ihre Könige lebten in großem Reichtum. Der König wurde Häuptling genannt. Man verehrte ihn als Gott und beerdigte ihn nach seinem Tod in einem Zelt.

Am längsten von allen Königen regierte Tutenchamun. Sein Grab wurde auch als erstes ausgeraubt, und keine der Grabbeigaben hat man je wiedergefunden. Berühmt war die Königin Nofretete. Sie wurde die Frau des römischen Feldherrn Julius Cäsar und herrschte glücklich bis an ihr Ende mit ihm über die ganze Welt.

Auflösungen

- Seite 11: b – die Cheops-Pyramide
- Seite 15: (siehe Abb. rechts)

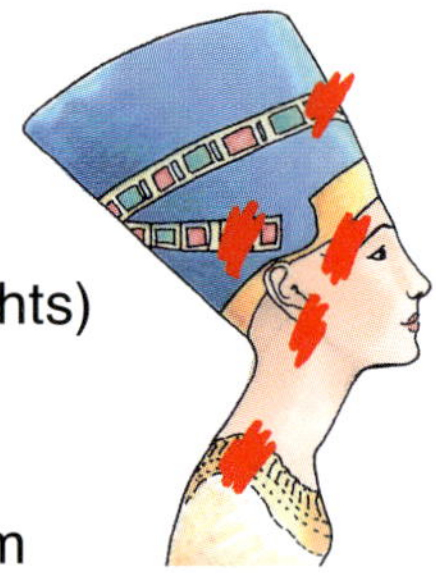

- Seite 19: c – Indianer
- Seite 23: c – Chipstüte, f – Handy
- Seite 27: Gehe von hier aus langsam 296 Schritte nach links, 322 Schritte nach Osten und 693 Schritte geradeaus bis zum Grab.
- Seite 31: b – Ritterhelm, d – Piratenhut, e – Federschmuck
- Seite 35: Arbeiter b
- Seite 39: Die Tempeltänzerinnen c und e sind gleich.
- Seite 43: c – Ramses der II. herrschte 67 Jahre lang.

- Seite 44, 45: Lillis Quatschgeschichte

Es stimmt, dass die Ägypter schon damals eine hoch entwickelte Kultur hatten. Computer besaßen sie aber keine. Die wurden erst im 20. Jahrhundert erfunden. Die ägyptischen Könige waren sehr reich, doch sie wurden nicht Häuptling, sondern Pharao genannt. Man hat sie auch nicht in einem Zelt beerdigt. Tutenchamun regierte keinesfalls am längsten, denn er starb schon mit etwa 18 Jahren. Sein Grab wurde von den Grabräubern übersehen und mit allen Grabbeigaben von Wissenschaftlern gefunden. Nofretete war die Frau von Pharao Echnaton. Sie war wegen ihrer Schönheit berühmt. Aber sie war nie die Frau von Julius Cäsar. Der lebte erst sehr viel später und wurde der Geliebte von Königin Kleopatra.

Register

Das große Abenteuer des Wissens

Hexe Lillis Sachwissen ab 7
Hexe Lilli nimmt Kinder ab 7 Jahren mit auf eine abenteuerliche Reise durch die Welt des Wissens. Spannende Themen, verblüffende Fakten, Zusammenhänge leicht verständlich erklärt und jede Menge zum Raten und Tüfteln. Mit Hexe Lilli macht es doppelt soviel Spaß, Neues zu entdecken!

Jeder Band: Ab 7 Jahren • 48 Seiten • Gebunden • Format 15,3 x 20,5 cm
Durchgehend farbig illustriert • Mit Hexe Lilli Figur am Lesebändchen

ISBN 978-3-401-0**9058**-0

ISBN 978-3-401-0**9059**-7

Spannende Hexe Lilli Abenteuer ab 8
- Hexe Lilli stellt die Schule auf den Kopf
- Hexe Lilli macht Zauberquatsch
- Hexe Lilli und der Zirkuszauber
- Hexe Lilli bei den Piraten
- Hexe Lilli und der Weihnachtszauber
- Hexe Lilli wird Detektivin
- Hexe Lilli im wilden Wilden Westen
- Hexe Lilli und das wilde Indianerabenteuer
- Hexe Lilli im Fußballfieber
- Hexe Lilli und das Geheimnis der Mumie
- Hexe Lilli und das Geheimnis der versunkenen Welt
- Hexe Lilli und das magische Schwert
- Hexe Lilli auf Schloss Dracula
- Hexe Lilli auf der Jagd nach dem verlorenen Schatz
- Hexe Lilli und der Ritter auf Zeitreise
- Hexe Lilli und der schreckhafte Wikinger
- Hexe Lilli im Land der Dinosaurier
- Hexe Lilli fliegt zum Mond
- Hexe Lillis geheime Zauberschule
- Hexe-Lilli-Fan-Artikel

Jeder Band: Ab 8 • 96-144 Seiten
Format 15,9 x 21,1 cm • Gebunden
Durchgehend illustriert

EDITION BÜCHERBÄR
Arena

www.arena-verlag.de
www.knister.com